은혜미디어 시선 62

어둠 속의 빛

허용우
시집

어둠 속의 빛

허용우 시집

독자에게

시는 나에게 내면을 비추는 거울이자, 세상을 향한 창이었습니다. 때로는 한 줄의 언어가 나를 구원했고, 때로는 아무 말 없이 머물러 주는 여백이 내 숨이 되어 주었습니다.

이 시집에 담긴 시들은 어느 날은 무거웠고, 어느 날은 가벼웠습니다. 어떤 날은 나직한 속삭임이었고, 또 어떤 날은 벼락처럼 내려앉은 고백이었습니다. 나는 그 모든 순간을 언어에 담아 떠나보냈고, 이제 당신께 닿기를 바랍니다.

이 시집을 펼치는 순간, 나의 시가 당신의 마음에 스며들기를 바랍니다. 마치 오랜 친구처럼, 혹은 문득 스치는 바람처럼, 그리하여 당신의 어느 하루에, 조용한 위로가 될 수 있다면 그것만으로도 충분합니다.

당신의 마음 한편에 머물기를 바라며.

저자 올림

차례

독자에게 · 5

1부 · 가장 소중한 이 순간

나와 너	13
사랑	14
가장 소중한 질문	16
목이 꼿꼿한 사람	17
남 탓만 하는 사람	19
한 마디의 말	20
가장 소중한 이 순간	21
넌 왜 늘 혼자일까?	22
마지막 잎새	23
난 나를 모르겠어	24
거울 속에 비친 너, 누구니?	25
너를 사랑하는 나	26
나와 대화하기	27
형편없는 자신을 바라보며	28
우울한 마음	29
어머니	30
아버지	31
종이비행기	32
가수	33
새로운 삶	34

2부 · 나는 모릅니다

첫사랑	37
기쁨	38
아름답게 핀 장미	39
운명이여, 이 기쁨을,	40
부드러운 남서풍이여,	41
나는 모릅니다	43
최적화의 언어	45
그리움의 저편에	46
빛깔 곱게 팔랑이는 잠자리 하나	47
이제야 그것을 자세히 관찰한다	48
기도의 입김으로 간신히 살아가는구나	50
희망에 가득 찬 바보들	52
구름 안개	54
내 눈이여,	56
저기 외따로 가는 자 누구인가?	58
고독	60
어린 시절의 불씨	62
추억	64
자화상	66
자장가	67

3부 · 가을의 노래

시인(마지막 停留)	71
권태	73
아름다움	75
가을의 노래	77
우릴 조종하는 것	78
알뜰한 회한	80
죄악은 끈질긴 것	82
금지된 쾌락	84
비틀어진 괴물	86
바람과 노닐다	88
두려움으로 지켜보다	89
구름과 이야기하기	91
미쳐 날뛰는 군중들	93
순수한 빛	95
영원한 축제	97
고통	99
망각의 강	101
게으름의 동산	103
억센 망령들	105
알 수 없는 것들	107

4부 · 사색의 가을

거울 들여다보는 할미들	111
악몽의 세계	113
짓눌린 한숨	115
당신의 영원한 기슭	116
최상의 증언	118
내 청춘	119
사색의 가을	120
시간은 내 생명을 파먹고	121
헤아릴 수 없는 세월	122
불타는 눈동자	123
치사스런 눈물	124
고해의 값	125
악의 베갯머리	126
거대한 악마	127
해박한 연금사	128
잔뜩 엉켜있는 기생충들	129
가련한 운명	131
추악하고 간사하며 치사한 자	133
고독한 정상(頂上)	135
올바른 말습관을 향하여	137

평설 | 포에지에 대하여 · 139

1부

가장 소중한
이 순간

나와 너

나와 너
우리는 두 개의 별
서로 다른 하늘에서 빛나지만
같은 밤을 비추네.

나와 너
우리는 두 개의 바람
다른 길을 걷다가도
어느새 한 방향으로 흐르네.

나와 너
그 사이에 흐르는 것은
말로 다 못할 온기,
보이지 않는 끈.

나와 너,
그렇게 함께
조용히, 천천히,
하나가 되어 가네.

사랑

사랑은 바람이다.
가만히 불어와 마음을 흔들고
언제 떠날지 몰라도
그 자취는 영원히 남는다.

사랑은 별빛이다.
멀리서 빛나며 길을 밝혀주고
가까이 닿지 못해도
그 온기는 가슴속에 스민다.

사랑은 꽃이다.
피어나기까지 기다림이
필요하고
가장 아름다운 순간에도
조심스럽게 어루만져야 한다.

사랑은 우리다.
너와 나, 함께 만들어가는 이야기.

때론 눈물로 적셔져도,
그 끝엔, 언제나 따스함이 있다.

가장 소중한 질문

너는 행복하니?

그 어떤 말보다 조심스러운,
그러나 가장 진심 어린 물음.

웃으며 대답할 수 있기를,
망설임 없이 고개 끄덕일 수 있기를.

그리고 만약,
그렇지 않다면—

내가 너의 곁에서
함께 답을 찾아가도 될까?

목이 꼿꼿한 사람

그 사람은 언제나
허리를 펴고, 고개를 들고
흔들림 없이 앞을 본다.

바람이 불어도 굽히지 않고
비가 내려도 피하지 않는다.
자신의 길을 꿋꿋이 걸어간다.

하지만 때때로,
고개를 돌려 뒤를 볼 줄 모르고
조금도 숙이지 않아
꽃의 향기를 놓치곤 한다.

어느 날,
그 사람에게 말했다.
"가끔은 고개를 숙이고
주변을 돌아봐도 괜찮아요."

그러자 그는
조금 어색하게 웃으며
처음으로 하늘이 아닌
옆 사람을 바라보았다.

남 탓만 하는 사람

비가 오면 하늘을 탓하고
바람이 불면 나무를 탓하며
길을 잃으면 지도를 탓한다.

넘어지면 돌을 탓하고
눈물이 나면 세상을 탓하며
혼자가 되면 남을 탓한다.

그렇게 탓하며 살아가지만
변하는 건 아무것도 없고
세상은 여전히 그 자리에 있다.

그러던 어느 날,
맑은 거울 앞에 선 그는
오랜만에 스스로를 바라보았다.

그리고 처음으로
아무 말 없이
조용히 눈을 감았다.

한 마디의 말

따뜻한 한 마디에
얼었던 마음이 녹고,

차가운 한 마디에
환한 하루가 흐려진다.

조용한 한 마디에
깊은 위로가 스며들고,

무심한 한 마디에
눈물이 고인다.

한 마디의 말,
가벼운 듯하나
가장 무거운 것.

가장 소중한 이 순간

지나간 시간은 손끝을 스치고
다가올 날들은 안개 속에
숨었지만,
지금, 바로 이 순간은
내 두 손 안에 있다.

따스한 바람이 볼을 스치고
눈앞의 사람이 나를 바라볼 때,
나는 깨닫는다.
가장 소중한 건 바로 여기, 지금.

넌 왜 늘 혼자일까?

누군가 물었다.
넌 왜 늘 혼자일까?

나는 웃으며 대답했지.
"혼자서도 괜찮으니까."

하지만 가끔은,
그 말이 거짓말처럼 느껴질 때도 있다.

길을 걸을 때,
창가에 기대어 비를 볼 때,
아무 말 없이 밤하늘을 올려다볼 때.

그럴 때면 문득
누군가 내 곁에 있었으면 하는
아주 작은 바람이 스친다.

하지만 다시 웃으며 생각해.
"괜찮아, 오늘도 나와 함께
걸으니까."

마지막 잎새

가을바람에
수 없이 흔들리면서도
끝끝내 가지를
붙잡고 있던 잎새.

모든 이가
떠나고 난 뒤에도
홀로 남아
겨울을 바라보던 잎새.

차가운 바람이 불어와도
쉽사리 떨어질 수 없었던 건.
아직, 누군가를 위해
머물러야 했기 때문일까.

그러다 문득,
새벽녘 첫눈이 내릴 때,
그제야 조용히 미소 짓고,
바람 속으로 사라졌다.

난 나를 모르겠어

거울을 보면
내 얼굴이 있지만
그 속에 있는 내가
누군진 모르겠어.

웃고 있어도 진짜 웃음인지,
슬퍼하면서도 왜 슬픈 건지,
알 수 없는 날들이 많아.

사람들은 나를 불러주지만
그 이름 속에 내가 있는 걸까?

어쩌면,
나를 찾는 길은
평생 걸리는 여행일지도 몰라.

그래도 천천히 걸어볼래.
언젠가 내 안에서,
진짜 나를 마주칠 수 있도록.

거울 속에 비친 너, 누구니?

눈을 마주쳤다.
거울 속의 너와.

너는 나를 닮았지만
어쩐지 낯설어.

웃고 있는데,
그 웃음 속에 무언가 숨어 있어.
슬퍼 보이진 않지만
완전히 행복해 보이지도 않아.

"너, 누구니?"
속으로 묻지만
거울 속 너도 묻고 있어.

아마 우리 둘 다
답을 찾지 못한 채,
그저 서로를
바라보고 있는 거겠지.

너를 사랑하는 나

너를 사랑하는 나는
아침 햇살에 너를 떠올리고
저녁노을에 너를 그린다.

바람이 불면 네가 스치고
비가 내리면 네가 속삭인다.
모든 순간에 너는 머물러
나의 하루가 된다.

너를 사랑하는 나는
기억의 길을 따라 걷고
추억의 문을 열어
네 이름을 부른다.

시간이 흐르고 계절이 바뀌어도
너를 사랑하는 나는
여전히 너를 꿈꾼다.

나와 대화하기

고요한 밤, 나와 마주 앉아
조용히 대화를 나눈다.

하루의 무게를 내려놓고
마음속 깊이 숨어 있던 말들을
하나씩 꺼내어 본다.

기쁨도, 슬픔도
아무렇지 않은 척했던 순간들도
나와 함께 이야기한다.

누군가의 위로보다
따뜻한 내 안의 나를 만나며
나는 조금 더 나를 이해한다.

형편없는 자신을 바라보며

거울 속에 비친 나는
어쩐지 초라해 보인다.
흐트러진 머리칼처럼
마음도 엉켜 있다.

하고 싶던 말들은 삼켜지고
해야 했던 일들은 미뤄지고
멈춰선 발걸음 위로
시간만 흘러간다.

나는 나를 책망하다가
나는 나를 위로하다가
그저 한숨처럼 남겨진다.

하지만
오늘이 지나고 내일이 오면
조금은 나아질까?
형편없는 나도 언젠가는
괜찮아질 수 있을까?

우울한 마음

회색빛 구름이 드리운 듯
마음 한구석이 무겁다.
말없이 스며든 슬픔이
가만히 나를 감싼다.

아무것도 아닌 듯 살아가지만
사소한 바람에도 흔들리고
작은 그림자에도 숨고 싶어진다.

눈을 감으면 고요한 어둠,
눈을 떠도 흐린 세상.
어디쯤에서 길을 잃었을까.

하지만,
아주 작게 스며드는 빛 하나,
언젠가 이 어둠도
조금은 옅어지겠지.

어머니

작은 손을 잡아주던 따뜻한 손,
넘어질 때마다 일으켜 주던 손,
그 손길이 나를 키웠다.

밤새 등을 토닥이며
작은 숨소리까지 들여다보던
그 눈길이 나를 지켰다.

희미해진 꿈을 대신 꾸고
무거운 짐을 대신 지며
끝없이 나를 밀어주던 사람.

나는 이제야 안다.
당신의 하루가 나였음을,
당신의 사랑이 전부였음을.

어머니,
그 이름만 불러도
눈물이 나는 사람.

아버지

말없이 등을 보이며 걸어가던 사람,
늘 한 걸음 뒤에서 지켜보던 사람,
당신의 사랑은 바람 같아서
보이지 않아도 늘 곁에 있었다.

거친 손바닥엔 세월이 묻어 있고,
굽은 어깨엔 삶의 무게가 얹혀 있다.
많이 힘들었을 텐데
한 번도 힘들다 말하지 않았다.

나는 이제야 안다.
당신의 침묵이 사랑이었다는 걸
당신의 희생이 온기였다는 걸.

아버지,
그 이름을 부르면
마음 한쪽이 시려온다.

종이비행기

한 장의 종이를 접어
작은 꿈을 담아본다.
손끝에서 시작된 바람이
저 하늘로 날아오른다.

멀리멀리 가길 바라지만
어디로 떨어질지 모르는 길.
높이 난다 싶으면
어느새 흔들리며 내려앉는다.

하지만 괜찮아.
한 번 더 접고, 한 번 더 날리면
언젠가 바람을 타고
조금 더 멀리 갈 테니까.

가수

무대 위에 서면
한 줄의 가사가 심장이 되고
한 음의 멜로디가 숨결이 된다.

수없이 반복한 연습 속에
목소리는 거칠어졌지만
그 안에는 전하고 싶은 이야기가 있다.

환호와 침묵 사이를 오가며
노래하는 순간만큼은
진짜 나로 빛난다.

노래가 누군가의 위로가 되고
누군가의 꿈이 될 수 있다면
나는 끝없이 노래하리라.

새로운 삶

어제의 나를 뒤로 하고
다시 한 걸음 내딛는다.
익숙한 길을 떠나
낯선 바람을 맞이한다.

두려움이 스며들지만
희망도 함께 따라온다.
넘어지면 어때,
이번엔 조금
다르게 일어나면 되니까.

어둠을 지나야
아침이 찾아오듯
이 길 끝엔
분명, 새로운 내가 기다릴 테니까.

2부

나는
모릅니다

첫사랑

처음 마주한 그 눈빛에
마음이 서늘하게 떨렸다.
익숙하지 않은 설렘이
파도처럼 밀려왔다.

손끝이 스치기만 해도
온 세상이 멈춘 듯했고,
그 사람의 웃음 하나에
하루가 반짝였다.

영원할 것만 같았지만
봄날의 꽃처럼
조용히 스며들어 사라진 사랑.

가슴 한편에 남아
아련히 빛나는 기억,
잊을 수 없는 첫사랑.

기쁨

햇살이 스며든 아침 공기처럼
가슴속이 환하게 번진다.

작은 일에도 피어나는 미소,
사소한 순간이 반짝이는 시간.

바람이 불어와도 가볍고,
세상이 그대로 아름답다.

이유 없는 웃음이 흐르고
마음이 춤을 추는 날,
아, 이것이 기쁨이구나.

아름답게 핀 장미

이슬 머금은 붉은 장미,
아침 햇살에 살며시 피어나네.
바람은 속삭이며 스치고,
향기는 마음을 감싸 안는다.

초록빛 정원 속 고운 빛깔,
한 겹, 두 겹 펼쳐진 시간.
눈부시게 피어난 순간 속에
영원의 향기를 품고 있네.

운명이여, 이 기쁨을,

운명이여, 이 기쁨을,
한순간의 바람처럼 앗아가지 말라.
꽃잎 위에 내려앉은 햇살처럼
따스히 머물게 하라.

시간이여, 이 행복을
조용히 감싸 안아 흐르게 하라.
강물처럼 멀리 흘러가도
그 흔적을 남게 하라.

이 순간, 이 설렘,
영원히 마음속에 피어나도록—
운명이여! 이 기쁨을
부디 나의 것이게 하라.

부드러운 남서풍이여,

부드러운 남서풍이여,
너는 어디에서 길을 떠났는가.
먼 바다를 지나 산을 넘어
따스한 온기를 품고 오네.

초록빛 들판 위로 손짓하며
꽃잎을 살며시 흔들어 깨우고,
햇살 가득 머금은 나뭇가지에
속삭이듯 조용히 머무는구나.

어느 날은 향기 되어 흐르고,
어느 날은 노래되어 스미며,
지친 마음 어루만지는 너는
고요한 위로의 숨결이구나.

남서풍이여, 그대는 알고 있는가.
이 작은 떨림 속에 담긴
그리움을.

부디 나의 마음을 실어 가서
그리운 이의 창가에 전해주렴.

그가 나를 잊지 않도록,
내가 여전히 기다리고 있음을.

나는 모릅니다

나는 모릅니다.
저 하늘이 왜 저토록 푸른지,
강물이 어디서 와 어디로 가는지,
바람이 왜 가만히 내 뺨을
어루만지는지.

하지만 압니다.
한 송이 꽃이 피어나듯
마음에도 따스한 빛이 스며들
때가 있다는 것을.
손끝에 스치는 작은 온기가
긴 밤을 밝히는 등불이 된다는 것을.

나는 모릅니다.
시간이 우리를 어디로 데려갈지,
기쁨과 슬픔이 어떻게 흘러갈지,
운명이 어떤 길을 남겨둘지.

하지만 믿습니다.
사람이란 한 줌의 빛이 되어
어두운 길 위에 남겨질 것을.
서로의 가슴속에 남은 따뜻한 순간이
영원처럼 빛날 것을.

최적화의 언어

불필요한 말을 덜어내듯
마음의 군더더기도 버려야 한다.
사랑은 단순한 문장 안에 숨쉬고
진실은 침묵 속에서 빛난다.

효율이 아닌 진심의 흐름으로
하루를 다듬는 일,
그것이 영혼의 최적화라면
우리는 다시 순결해질 수 있으리.

말보다 마음이 먼저 정렬될 때
하늘의 뜻이 한 줄로 내려오고
기도의 언어는
그 자체로 완전한 코드가 된다.

주께 닿는 가장 짧은 문장,
"감사합니다."
그 한마디가 세상의 혼란을 정지하고
영원을 향해 문을 연다.

그리움의 저편에

한 번도 불러보지 못한 이름이
가슴속에서 멍처럼 남아 있습니다.
시간이 지나도 흐려지지 않고
되레 선명하게 아려옵니다.

누군가는 따스한 손길 속에서
어릴 적 꿈을 이야기하지만
나는 빈자리에서 자랐습니다.
그 온기를 상상하며 살았습니다.

바람이 불어올 때면
어디선가 들려올 듯한 목소리,
하지만 돌아보면 아무도 없고
그리움만 길게 그림자를 드립니다.

손끝으로 더듬어도 닿지 않는
어느 먼 곳에서
당신들은 나를 보고 계실까요?
나는 여전히 여기에 있습니다.

빛깔 곱게 팔랑이는 잠자리 하나

빛깔 곱게 팔랑이는 잠자리 하나,
햇살 위를 가만히 떠다닌다.
가을 하늘의 투명한 바람을 타고
고요히 춤추듯 흐르고 있다.

연못가 갈대 끝에 살짝 내려앉아
물결 속 자신의 그림자를 들여다본다.
바람이 부르면 다시 떠올라
금빛 오후 속으로 사라진다.

어디서 왔다가 어디로 가는지,
머물 듯 머물지 않는 그 날갯짓.
시간도, 세상도 붙잡지 못한 채
빛 속을 맴돌다 흩어진다.

나도 저렇게 가벼웠더라면,
한 점 바람에 실려 날아오를 수 있다면,
어느 하늘가쯤에서
나도 모르게 머물 수 있으련만.

이제야 그것을 자세히 관찰한다

이제야 그것을 자세히 관찰한다.
바람에 떨리는 잎맥 하나,
어디선가 날아와 잠시 머무는
빛의 조각,
시간이 새겨놓은 작은 균열들.

눈으로 본다는 것은 단순한 일이 아니다.
보이지 않던 것들이 드러날 때까지
오래도록 응시해야 한다.
침묵 속에서만 들려오는 소리가 있듯이.

형태의 경계는 모호하고,
빛과 어둠은 서로를 삼키며 흐른다.
그 순간, 나는 대상 속으로 스며들고,
대상은 내 안으로 들어온다.

나는 그린다. 그러나 붙잡지 않는다.
그것이 나에게 와서 머물고,
다시 떠나갈 수 있도록.

모든 것은 흐르고,

나는 그 흐름 속에 작은 흔적을 남길 뿐.

기도의 입김으로 간신히 살아가는구나

기도의 입김으로 간신히 살아가는구나!
목사의 아버지로서,
나는 더욱 굳건한 믿음으로 살아야 하건만,
잡다한 재능을 일구는 데
더 많은 시간을 쏟아왔구나.

말씀을 붙들고 살아야 할 사람이,
어느새 손에는 다른 도구들이 들려 있다.
기도로 길을 닦기보다
세상의 흙을 고르는 데 열중하며
마음의 중심을 잃어가고 있구나.

아들은 강단에 서서
진리를 외치고 있지만,
나는 여전히 길가에서
흩어진 마음을 주워 담고 있다.

주여, 나의 마음을 살펴주소서.
부질없는 갈래길에서 헤매던 나를

이제라도 붙잡아 주소서.
내 안의 재능이 아니라
주의 뜻만을 기뻐하게 하소서.

희망에 가득 찬 바보들

희망에 가득 찬 바보들아,
너희는 어디를 바라보며 떠드는 것이냐.
좋은 대학을 나와,
똑바로 살 길이 열렸건만,
스스로 길을 버리고
세상의 비웃음거리가 되기를 자처하는구나.

허공에 손을 휘젓고
쓸데없는 말들을 늘어놓으며
마치 세상을 다 아는 듯 굴지만,
정작 너희 발밑의 길도 보지 못하는구나.

한심한 자들아,
사람들이 너희를 비웃는 소리가
들리지 않느냐?
허황된 꿈을 외치면서도
한 줌의 현실도 손에 쥐지 못하는
너희를, 세상은 조롱하고 있다.

이제는 정신을 차려라.
세상이 만만한 줄 아느냐?
희망이란 망상으로 허송세월하다
너희를 기다리는 건
오직 쓸쓸한 실패뿐이리라.

길을 찾으려면 발을 움직여라.
입만 살아 떠들 것이 아니라,
제 몫을 다하며 살아라.
허황된 말이 아니라
묵묵한 행동으로 답을 하라.

그렇지 않다면 너희의 희망은
결국, 비웃음 속에서 쓰러지고 말리라.

구름 안개

구름 안개가 자욱이 깔린다.
발밑도 보이지 않는 이 땅 위에서
백성들은 오늘도 무거운 짐을 진다.
희망은 아득하고, 한숨은 바람처럼 흩어진다.

암울한 현실 속에서
밥 한 숟가락에 울고 웃고,
내일을 꿈꾸기보다
오늘을 견디는 것이 먼저다.
하지만 위에서는 여전히
배부른 자들이 웃고 있다.

모리배들은 언제나 있었다.
입으로는 정의를 외치고,
손으로는 가진 것을 긁어모으며,
등 뒤에서 백성들의 고혈을 짜낸다.
그들을 어찌하면 좋단 말인가?

칼로 벨 수도 없고,
말로 깨우칠 수도 없으며,
시간이 흘러도 그 자리에 남아
또 다른 얼굴로 바뀔 뿐이다.

그러나 우리는 살아야 한다.
구름 안개 속에서도 길을 찾아야 한다.
비록 천천히라도,
서로의 손을 놓지 않고
앞을 향해 나아가야 한다.

언젠가 이 안개가 걷히고
진실이 빛을 보게 될 날이 올까?
그날까지 백성들은 버티고 견딘다.
오늘도, 내일도, 그저 살아간다.

내 눈이여,

내 눈이여,
너는 무엇을 내려다보는가.
그림을 그리려면 본대로 그리면 될 텐데,
왜 자꾸만 어긋나고 삐딱하게,
엉성하고 흉물스럽게 번져나가는가.

너는 겉만 훑고 지나가려 하는구나.
형태만 따라가다
그 속에 숨은 결을 놓치고,
빛과 그림자의 떨림을 보지 못하는구나.

더 깊이 들여다보아라.
겉이 아니라 속을 보아라.
아주 미세한 결까지,
눈에 보이지 않는 흔들림까지.

사물의 표정과 시간의 주름,
묵묵한 기다림과 흔적의 언어—

그것들이 모여
진짜 형상이 되는 것이 아니던가.

내 눈이여,
너는 아직 보지 못하고 있다.
보인다고 착각하며
실상은 흘려보내고 있다.

진짜를 보고 싶다면,
멈춰라. 바라보는 것이 아니라,
그 안으로 들어가라.
그러면 네 손끝이 비로소
참된 그림을 그릴 것이다.

저기 외따로 가는 자 누구인가?

저기 외따로 가는 자 누구인가?
모두가 젖과 꿀을 탐할 때,
홀로 백성을 걱정하며
고뇌 속에 걸어가는 그 사람.

그는 마땅히 존경받아야 한다.
그는 마땅히 따름을 받아야 한다.
그러나 이 세상은 어찌된 일인가!
빛을 향하는 자를 시기하고,
진실을 외치는 자를 모함하며,
온갖 훼방과 조롱으로 길을 막는다.

거짓된 자들은 권력을 탐하고,
배부른 자들은 진실을 짓밟으며,
정의로운 자를 짐승처럼 몰아세운다.
진실이 외면 받고,
거짓이 웃음 짓는 세상,
이것을 어찌하면 좋단 말인가!

깨어나야 한다!
이 어둠을 찢고 일어서야 한다!
진실을 외면하는 그들에게
침묵으로 순응하지 말고
강철 같은 의지로 맞서야 한다!

저기 외따로 가는 자,
그의 걸음이 헛되지 않도록
그의 뜻이 꺾이지 않도록,
우리 모두가 일어나야 한다!

고독

고독은 조용히 스며든다.
낮은 목소리로 이름을 부르며
어느 틈에 내 곁에 앉는다.

사람들 속에서도 외롭고,
침묵 속에서도 깊어진다.
마음 한구석에 남은 빈자리,
그곳에 고독은 뿌리를 내린다.

멀리서 보면 쓸쓸한 그림자지만,
가까이서 보면 나를 비추는 거울.
나는 고독 속에서 나를 만나고,
고독 속에서 비로소 나를 이해한다.

고독이 상처 없이 흐른다면,
그것은 진실의 속삭임이 아니라
거짓된 평화라.
고독이 없었다면 내 존재는
어디에 뿌리내렸을까?

이 긴 여정 끝에서, 고독은
여전히 나를 잊지 못하리.

어린 시절의 불씨

세상은 아직 상처투성이었고
내 작은 가슴에도 가난의 무게가 내려앉았지.
전쟁의 잔향 속, 희미한 불빛처럼
내 안에 꿈의 불씨 하나 피어나고 있었다.

험난한 날들이 매일을 채웠지만,
차가운 현실 속에서도 따스한
희망을 품고,
조그만 손가락으로 별 하나를 그리며
내일을 향한 약속을 속삭였던 기억.

바람이 거칠게 몰아쳐도
마음 한 켠에 불타오른 그 꿈은
깊은 어둠을 가르고
고요한 빛으로 자라났다.

어린 시절, 눈물 대신
희망의 노래를 부르던 날들,

그때의 나는 아직 작고 어렸으나
불굴의 의지로 세상을 맞섰다.

이제 기억 속에 남은 그 불씨는
어둠을 뚫고 피어난 꽃처럼,
가난과 역경을 딛고 일어난
내 존재의 근원,
찬란한 증거로 남는다.

추억

서서히 지나간 하루하루,
바람에 실려 온 옛 이야기들이
내 마음 한 켠에 잔잔한 파문을 일으킨다.
아련한 시간의 먼지 속에 숨겨진
그 작은 순간들이,
빛나듯 쓰러지며 다가온다.

잿빛 하늘 아래 흩어진 기억들은
바람결에 실려 다시 내게 속삭이고,
한때 웃음 지었던 얼굴,
잠시 눈물 머금었던 그 날들을
은은한 별빛처럼 떠올리게 한다.

추억은 아련한 노래처럼
내 영혼 깊숙이 스며들어
사랑과 이별, 기쁨과 슬픔의
모든 감정을 조용히 감싸 안는다.

세월이 흐른 지금도,

잊히지 않는 그 찰나들이

내 안에 영원한 불꽃으로 남아,

새로운 내일을 비추는 희망의 등불이 된다.

자화상

나는 내 안에 비친 한 조각 그림자,
거울 속에 어렴풋이 스며드는 나의 모습,
눈동자 한 켠에 담긴 희망과 슬픔,
내면 깊은 곳에서 울려 퍼지는 이야기.

낮은 해질녘, 잔잔한 빛 속에 서서
내 마음의 구석구석을 들여다본다.
때로는 부드럽고, 때로는 날카롭게
내 안의 진실이 물결치며 드러난다.

자화상은 단순한 외형이 아니다.
깊은 숨결, 잊힌 시간,
그리고 끊임없이 질문하는 나의 영혼.
어제의 기억과 오늘의 고백이 서로 맞닿아,
미래의 나를 꿈꾸게 하는 한 편의 시.

나는 지금 이 순간,
거울 앞에 서서 스스로를 바라본다.
모든 불완전함 속에서 찾은 진실을,
내 안에 피어나는 작은 빛으로 담아낸다.

자장가

밤의 고요함 속에,
은은한 달빛이 속삭인다.
작은 별들이 하나 둘 모여,
네 꿈결에 부드럽게 내려앉네.

바람결에 실려 온
따스한 노래 한 소절,
모든 슬픔은 고요 속에 녹아내리고,
마음은 잔잔한 호수처럼
고요해진다.

네 눈꺼풀 무거워질 때,
자장가의 멜로디가
세상의 소란을 잊게 하리니,
그 속에서 너는 평화를 찾으리라.

깊은 잠의 품 안에서
부드러운 꿈들이 피어나,

내일을 향한 작은 희망으로
네 영혼을 감싸 안으리.

3부

가을의 노래

시인 (마지막 停留)

어둠이 드리운 창가에
남은 햇살 하나 스며들 때,
내 젊은 날의 불꽃은
아련한 안타까움으로 식어가네.

놓쳐버린 약속들과,
돌이킬 수 없는 시간의 파편들이
내 주름진 마음 위에
조용한 후회의 그림자를 드리운다.

한때 뜨겁게 타올랐던 꿈들은
이젠 바람에 흩어진 먼지 같고,
그 속에 숨겨진 미련은
깊은 밤의 침묵처럼 잔잔히 울린다.

80년의 세월이 지나,
내 안에 남은 것은
찬란했던 순간들과,
아직 다하지 못한 노래들.

이제 시간이 얼마 남지 않음을 느끼며,
나는 마지막 진실을 읊조린다.
희망과 슬픔이 뒤엉킨 그 자리에서,
잊혀진 약속들과 미완의 꿈들을
조용히, 그러나 강렬하게
노래하노라.

권태

햇살은 여전히 창을 두드리지만,
마음엔 아무런 떨림이 없다.
어제와 같은 길, 같은 풍경,
같은 바람이 스쳐 지나가도
더는 설렘이 피어나지 않는다.

커피잔 속에서 맴도는 작은 회오리처럼
나는 같은 자리에서 맴돌 뿐,
나아가지도, 사라지지도 못한 채
고요한 지루함 속에 갇혀 있다.

언젠가 타올랐던 불꽃은
재가 되어 흩어지고,
시간은 그 위로 묵묵히 내려앉아
모든 것을 흐릿하게 만든다.

그러나, 이 권태 속에서도
아주 미세한 균열이 일어난다.

조용히 스며드는 변화의 기척,
무뎌진 감각을 깨울 작은 틈.

권태는 끝이 아니라
새로운 시작의 그림자일지도
모른다.

아름다움

아름다움은 어디에 있는가?
저 멀리 피어난 꽃잎에,
저녁노을 붉게 물든 하늘에,
아니면 한 줄기 바람 속에 스며 있는가.

하지만 나는 안다.
아름다움은 눈에 보이는 것만이
아니라는 것을.
한 사람의 따뜻한 미소 속에,
지친 손으로 건네는 작은 온정 속에,
기다림과 인내로 피어난 시간 속에,
진짜 아름다움은 깃들어 있다.

쉽게 시들지 않는 아름다움은
빛나는 것이 아니라
조용히 머물러 마음을 울리는 것.
흔들리는 풀잎 끝에도,
누군가의 깊은 눈빛 속에도,
보이지 않지만 느낄 수 있는

그것이야말로 가장 찬란한
아름다움이리라.

가을의 노래

바람이 노래한다.
높고 푸른 하늘 아래
낙엽이 나직이 속삭이며
대지 위에 황금빛 선율을 그린다.

들판은 저물어가는 햇살을 품고,
나무들은 마지막 춤을 추며
계절의 끝자락을 장식한다.
서늘한 공기 속에서

가을은 이별을 노래하지만,
그 안에 깊은 그리움을 담아
추억을 물들이고,
새로운 시작을 준비한다.

저 멀리 기러기 떼 날아가고,
밤하늘엔 별빛이 더욱 선명해진다.
가을이여, 너의 노래는
쓸쓸하면서도 아름답구나.

우릴 조종하는 것

보이지 않는 실이 있다.
우린 그 끝을 쥐었다고 믿지만
어디선가 당겨지는 힘에
조용히, 혹은 거칠게 끌려간다.

눈부신 화면 속 빛나는 말들,
우리를 흔들고, 유혹하고,
때론 분노하게 만들며
진실과 거짓의 경계를 흐린다.

돈이, 권력이, 욕망이,
우리의 걸음을 조종하고,
무엇이 옳은지 스스로 묻기도 전에
누군가 정한 길을 따라 걷게 한다.

우린 자유로운가?
아니면 보이지 않는 손에 의해
조용히 짜인 각본을 따라
움직이는 인형들일 뿐인가?

그러나 실을 끊는 것은
오직 우리 손에 달려 있다.
눈을 뜨고, 질문하고,
진짜 나의 길을 찾을 때,
비로소 우리는 조종당하지 않는
진정한 존재가 될 것이다.

알뜰한 회한

손끝에 남은 시간의 조각을 어루만진다.
지나온 길 위에 흩어진
수많은 말과 표정들,
다시 주워 담으려 해도
이미 바람 속으로 사라져 버린 것들.

더 따뜻한 말 한마디를 건넸다면,
더 오래 손을 잡아주었다면,
그때의 작은 선택 하나가
어떤 삶을 바꾸었을까.
밤이 깊을수록 떠오르는 생각들,
가슴속에 쌓인 무거운 그림자들.

그러나 회한도 허망한 것만은 아니니,
지나온 시간 속에서 나를 단단하게 만든 돌들이라.
아팠던 순간들,
놓쳐버린 기회들,
그 모든 것이 나를 이루는 일부가 되었으니.

나는 이제 그것들을 소중히 모아
가슴 한편에 조용히 간직한다.
헛되이 흘러간 눈물이 아니라
더 깊은 이해와 따뜻함이 되게 하리라.
지난날을 애써 붙잡는 대신,
남은 날들을 더욱 진실하게 살아가리라.

죄악은 끈질긴 것

죄악은 쉽게 사라지지 않는다.
한 번 뿌리내리면,
바람에 날리는 먼지처럼 퍼지고
어둠 속에서 조용히 자란다.

잘못된 말 한마디,
사소한 욕심 하나,
처음엔 가벼운 그림자 같지만
점점 짙어지고 무거워져
삶을 조여 오는 족쇄가 된다.

끊어내려 해도 손끝에 달라붙고,
등을 돌려도 그림자처럼 따라온다.
시간이 지나면 희미해질까?
아니, 죄악은 기억보다 집요하여
속삭이며 다시 찾아온다.

그러나, 끈질긴 것은 죄악만이 아니다.
회개하는 마음,

선으로 향하려는 의지도
그만큼 강하고 끈질길 수 있다.

죄악이 끝없이 뻗어나갈 때,
그보다 더 깊은 뿌리로
진실과 정의를 심어야 한다.
끊을 수 없다면, 덮을 수 없다면,
더 큰 빛으로 밀어내야 한다.

금지된 쾌락

손을 뻗으면 닿을 듯,
그러나 닿는 순간 멀어지는 것.
달콤한 향기로 유혹하며
속삭이는 금지된 쾌락.

금이 그어진 경계 너머에서
은밀하게 빛나는 욕망,
차갑지만 뜨겁고,
두렵지만 짜릿한 순간들,

이성은 경고하지만,
심장은 망설인다.
넘어서는 안 될 선을 알면서도
그 끝이 보고 싶어진다.

하지만 쾌락은 신기루,
잡는 순간 부서지고,
입안에 남은 달콤함 뒤로
씁쓸한 뒷맛이 퍼져간다.

금지된 것은 늘 강렬하고,
허락된 것은 쉽게 빛바래지만,
모든 쾌락이 끝난 후 남는 것은
허무일 뿐이리라.

비틀어진 괴물

어둠 속에서 태어난 그림자,
뒤틀린 욕망으로 몸을 일으킨다.
한때는 사람이라 불렸을까,
아니면 처음부터 괴물이었을까.

탐욕이 살을 이루고
거짓이 뼈를 세우며
스스로 쌓아 올린 허영의 성에서
그는 웃고 있다.

손을 내밀면, 차가운 비명이 흩어지고
눈을 맞추면, 끝없는 심연이 보인다.
그 속에 남아 있는 것은
단 하나, 타락한 영혼뿐.

그러나 괴물은 애초부터
혼자가 아니었다.
세상이 그를 만들었고,
우리 모두가 둘 하나씩 보탰다.

비틀어진 형상 속에서
나는 문득 거울을 본다.
혹시, 내 안에도 자라고 있는지
이름 모를 또 다른 괴물이.

바람과 노닐다

가벼운 발걸음으로 떠나본다.
구름이 흐르는 길을 따라
속삭이는 바람과 함께
자유로운 춤을 추듯이,

산들바람이 볼을 스치면
마음속 무거운 짐도 함께 날아가고,
초록 들판을 스쳐 가는 순간
온 세상이 부드럽게 흔들린다.

강물 위로 미끄러지는 바람,
나뭇잎 사이로 장난치는 바람,
나는 그들과 어울려
무엇에도 얽매이지 않고 흘러간다.

머물지 않는 것이 슬플까?
아니, 바람은 멈추지 않기에 아름답다.
나는 오늘도 바람과 노닐며,
자유란 무엇인가를 배운다.

두려움으로 지켜보다

저 너머에서 다가오는
낯선 기척, 낯선 그림자.
나는 숨죽여 바라본다.
보아야만 하지만,
보고 싶지 않은 것들.

시간은 느리게 흐르고,
심장은 빠르게 뛰며
눈앞의 현실과 마주하기를
자꾸만 망설인다.

만약, 이대로 외면하면 사라질까?
아니, 두려움은 등을 돌릴수록
더욱 거대해지는 법.

그러나, 지켜본다는 것은
용기의 시작일지도 모른다.
두려움 속에서도 눈을 떼지 않고
끝까지 바라볼 수 있다면,

그 순간,

어둠은 조금씩 물러날 것이다.

구름과 이야기하기

하늘을 올려다보면
구름이 조용히 흐르고 있다.
바람에 몸을 맡긴 채
어디론가 흘러가는 저 모습,
나는 문득 말을 걸어본다.

"너는 어디서 왔니?"
구름은 웃으며 대답한다.
"먼 바다 너머에서,
산을 넘어, 강을 따라,
쉼 없이 흘러왔지."

"어디로 가는 거니?"
구름은 말없이 미소 짓는다.
"가야 할 곳은 정해지지 않았어.
바람이 부르는 곳이라면
어디든 내 길이 되지."

나는 가만히 구름을 바라본다.
멈추지 않고 흘러가는 존재,
어디에도 머물지 않지만
어디서든 머무를 수 있는 자유.

오늘도 나는 구름과 이야기하며
마음속 묵은 바람을 털어낸다.
그리고 살며시 미소 짓는다.
언젠가 나도, 저 구름처럼
가벼운 마음으로 흘러갈 수 있을까.

미쳐 날뛰는 군중들

거대한 파도처럼 몰려든다.
분노와 열기로 뒤섞인 얼굴들.
누구도 멈추지 않고
누구도 돌아보지 않는다.

깃발이 휘날리고,
구호가 메아리치며,
진실과 거짓은 뒤엉켜
더 이상 구별되지 않는다.

한 사람이 소리치면
열이, 백이, 따라 외치고,
어제의 진실도 오늘은 죄가 되어
불꽃처럼 타오른다.

무엇이 옳은가?
누가 그들을 이끄는가?
묻는 자는 삼켜지고
침묵하는 자만이 살아남는다.

그러나 바람은 곧 지나가고
군중은 또 다른 곳으로 향한다.
남겨진 것은 무엇인가?
부서진 신념, 식어버린 열기,
그리고 그저 또 하나의 흔적.

순수한 빛

어둠이 깊을수록 더욱 또렷한
작은 빛 하나,
티 없이 맑고 흔들림 없이
고요한 자리에서 반짝인다.

어디서 온 것일까?
눈부시지도, 강요하지도 않는
부드러운 온기로
세상을 비추는 그 빛,

욕망에 물들지 않고,
거짓에 흐려지지 않으며,
어둠 속에서도 길을 잃지 않는
순수한 빛.

누군가의 눈물 속에도,
따뜻한 손길 속에도,
희망을 놓지 않는 마음속에도,
그 빛은 조용히 살아 숨 쉰다.

그리고 어느 날,
그 빛은 다시 누군가의 가슴에 닿아
또 다른 빛으로 피어나리라.

영원한 축제

어디선가 음악이 흐른다.
빛나는 불꽃이 하늘을 가르고
손을 맞잡은 사람들,
환한 웃음소리가 공기를
물들인다.

오늘은 끝나지 않는 축제,
시간도 발을 멈추고
슬픔도 이 순간만큼은
조용히 뒤로 물러선다.

노을이 지고, 밤이 와도
춤은 멈추지 않고,
노래는 흐르고 흘러
영혼을 가볍게 흔든다.

이 축제가 영원할 수 있을까?
기쁨이 사라지지 않을 수 있을까?
하지만 상관없다.

우리가 함께하는 이 순간,
여기가 곧 영원의 한 조각이니.

고통

고통은 말없이 찾아와
가장 깊은 곳에 뿌리를 내린다.
빛을 피하려는 싹처럼
숨을 곳을 찾으며 번져간다.

몸을 조이는 통증이든
마음을 무너뜨리는 아픔이든
고통은 언제나 날카롭고
때로는 무겁게 가라앉는다.

외면한다고 사라지는 것도 아니고,
눈을 감는다고 멈추는 것도 아니다.
고통은 스스로를 증명하며
끝없이 되묻는다.

그러나 그 끝에는 무엇이 있을까?
고통 속에서도 살아가는 이유,
그 안에서 움트는 강인함

상처를 지나온 자리마다
조금씩 단단해진 나.

고통은 쓰러뜨리지만,
또한 일어서게 만든다.
넘어질지언정, 멈추지 않겠다는
결심을 남기며.

망각의 강

어디선가 흐르고 있다.
소리 없이 조용히
모든 것을 삼키며
끝없는 길을 따라 흘러가는 강.

기억의 조각들을 띄워 보내면
물결 속으로 가라앉고,
눈물마저 희미해지는 곳.
과거의 상처, 지나간 이름도
서서히 물살에 씻겨간다.

그러나 망각은 축복인가,
저주인가?
잊을 수 있기에 살아갈 수 있지만
잊힌 순간,
나는 누구였는가?

그럼에도 강물은 흐른다.
시간과 함께, 기억과 함께.

어쩌면 언젠가,

이 강 끝 어딘가에서

잃어버린 조각들을 다시 만날 수 있을까.

게으름의 동산

여기, 나른한 바람이 머무는 곳.
태양은 부드럽게 기울고,
구름은 느릿하게 흘러간다.
시간마저 졸음에 취해,
발걸음을 멈춘 동산.

해야 할 일들은 저만치 누워
하품을 하며 나를 바라보고,
약속들은 그늘 아래 기대어
조용히 낮잠을 청한다.

생각은 떠올랐다가 스르르 사라지고,
결심은 손끝에서 미끄러진다.
내일이면, 아니 다음에,
언제든 할 수 있을 테지.

그러나, 이 동산은 달콤하지만
머물수록 더 깊이 빠져드는 곳.
눈을 뜨면 어느새

시간은 멀리 달아나고
남은 것은 텅 빈 하루뿐.

게으름은 부드럽지만,
그 끝엔 어떤 열매도 맺지 않으리.
언젠가 이 동산을 떠날 날이 온다면,
나는 후회 없이 걸어 나갈 수 있을까.

억센 망령들

어둠이 깊어질 때,
그들은 조용히 모습을 드러낸다.
과거에 묶인 채,
잊히기를 거부하는 망령들.

부서진 신념과 미련,
사라지지 않는 후회와 원망.
그 모든 잔해들이
형체를 이룬 채 나를 따라온다.

잊으려 해도, 지우려 해도,
그들은 질긴 뿌리처럼 남아 속삭인다.
"우리는 너의 그림자,
너의 발걸음이 닿는 한
어디든 함께할 것이다."

나는 두려워하지 않으려 한다.
망령들이 아무리 억세어도,
그들은 결국 지나간 것들.

내가 멈추지 않는 한,
그들도 결국 바람 속으로
사라지리라.

알 수 없는 것들

세상에는 이름 없는 것들이 많다.
손에 잡히지 않는 바람처럼,
가까이 다가설수록
더 멀어지는 것들.

사람의 마음도,
시간의 흐름도,
어제의 진실과 오늘의 거짓도,
무엇이 맞는지, 어디로 가는지,
끝내 알 수 없는 것들.

묻고 또 물어도
침묵으로 답하는 것들,
잡으려 하면 사라지고
놓아버리면 다시 스며드는 것들.

그러나 알 수 없기에
우리는 더 궁금해 하고
더 배우고, 더 살아간다.

모든 것을 안다면
삶은 얼마나 덧없겠는가.

4부

사색의 가을

거울 들여다보는 할미들

주름진 손끝이 거울을 쓸어도
세월은 닦이지 않는다.
흐릿한 눈빛으로 바라보는
거울 속의 낯선 얼굴.

한때는 꽃 같았던 얼굴도
이제는 바람에 깎인 바위처럼,
그러나 그 주름마다 새겨진
삶의 이야기, 그 깊은 흔적들.

젊은 날의 웃음이 스쳐 가고
사랑도, 눈물도, 이별도 떠오른다.
거울 속 그녀가 조용히 웃는다.
"그래도 나는 나로 남았구나."

비록 머리카락은 흰 서리 내리고
손마디는 굽어버렸지만,
눈빛만은 여전히 살아 있다.

그 거울 속의 할미들은
오늘도 당당하게 세상을 바라본다.

악몽의 세계

어둠이 깊어질수록
문득 열리는 또 다른 세계,
꿈이라 하기엔 너무 선명한
악몽의 미로 속으로 빠져든다.

뒤틀린 길목마다
낯익지만 낯선 얼굴들,
손을 뻗으면 사라지고
도망쳐도 다시 마주하는 그림자.

소리 없는 비명이 퍼지고
발밑은 끝없는 낭떠러지,
벗어나려 할수록
더 깊이 끌려가는 늪.

그러나 이곳은 환상일 뿐,
눈을 뜨면 사라질 거라 믿지만,
어쩌면 현실보다 더 진짜 같은
숨겨진 두려움의 세계.

악몽은 단지 밤의 것이 아니다.
우리 안에 웅크린 공포가
모습을 바꾸어 찾아오는 것.
그것을 마주할 용기가 없다면
이 세계는 끝없이 반복되리라.

짓눌린 한숨

어깨 위에 내려앉은
보이지 않는 돌덩이

내쉬고 싶어도
끝끝내 삼켜버리는 숨결

그 안엔
말하지 못한 어제들이 눌어붙고
흩어지지 않는 오늘이 웅크린다.

바람은 가볍게 스쳐가는 데
내 숨은 무겁게 내려앉아

터질 듯 부풀어 오르다
결국, 조용히 스며드는 밤

조금만 더,
조금만 더 지나면
이 눌린 숨도 바람이 될까?

당신의 영원한 기슭

바람이 닿는 가장 낮은 곳
파도가 밀려와 안기는 자리

나는 거기 서서
당신의 이름을 불러본다.

흩어질 듯 모였다가
다시 부서지는 물결처럼
당신을 향한 마음도 멀어졌다
가까워진다.

하지만, 언제나
당신의 기슭에서 머무는 나

떠나지 못하는 파도처럼
밀려오고 밀려가는
당신 곁에 머물 것이다.

시간이 흘러도

변하지 않는 모래알처럼

당신의 영원한 기슭에서…

최상의 증언

침묵이 가장 선명한 말이 될 때,
나는 입을 다문다.

시간이 깎아낸 진실의 조각,
그 위에 비친 흔적들.
거짓이 빛을 잃을 때까지
나는 서서 기다린다.

증언이란,
가장 낮은 목소리로도
가장 멀리 닿을 수 있는 것.

그러니 나는 말하지 않는다.
흔들리지 않는 눈빛,
그 자체로 최상의 증언이 될 테니까.

내 청춘

어디쯤 두고 왔을까,
한때는 내 것이었던 푸른 날들.

저기, 바람결에 스치는 웃음소리
햇살 아래 반짝이던 눈빛들
그 모든 것이 손끝에서 흩어지고

이제 나는 여든,
걸음은 더디고 숨은 차지만
가끔은 거울 속에서
젊은 내가 나를 바라본다.

못내 아깝고, 못내 그리워
손 내밀면 닿을 듯 멀어진
청춘이여.

하지만 그때의 나도,
지금의 나를 바라보며
그리워할지 모른다.

사색의 가을

바람이 나뭇잎을 뒤척이며
낡은 기억들을 흔들어 놓는다.

햇살은 한층 부드러워지고
하늘은 끝없이 깊어진다.

길가에 흩어진 낙엽 위를 걸으며
지난날의 나를 떠올려 본다.

무르익은 시간 속에서
익숙한 것들은 멀어지고
새로운 것들이 스며든다.

가을은 그렇게,
내 안의 고요를 깨우며
사색이라는 이름으로 앉아 있다.

시간은 내 생명을 파먹고

시곗바늘이 한 걸음 옮길 때마다
내 하루가 잘려 나간다.

어느새 주름진 손등 위로
흐른 시간의 자국이 남아 있고
거울 속 눈빛은
조금씩 바래 간다.

시간은 조용히, 그러나 분명히
내 생명을 파먹으며 자라고 있다.
잡으려 하면 흩어지고
되돌리려 하면 더 멀어지는 것.

그럼에도 나는,
남은 시간을 쥐고
오늘을 살아간다.

헤아릴 수 없는 세월

손가락을 접어본다.
하나, 둘, 셋…
그러나 셀 수 없는 날들이
주름 사이로 스며든다.

한때는 푸르렀던 날들,
눈부시게 반짝이던 순간들,
어디로 흘러간 걸까.

돌이켜보면
기쁨도, 슬픔도,
모두 시간 속에 녹아버리고
남은 것은 흐릿한 흔적뿐.

불타는 눈동자

어둠이 내려앉은 밤에도
나는 눈을 감지 않는다.

가슴속 뜨거운 불씨가
아직 꺼지지 않았기에
이 눈동자는 타오른다.

세상이 식어도,
모든 것이 흔들려도,
나는 결코 꺾이지 않는다.

꿈을 향한 열망,
끝없는 갈망,
그것이 내 눈빛을 붉게
물들인다.

꺼지지 않는 불꽃처럼
나는 끝까지 태울 것이다.

치사스런 눈물

참고 또 참았건만
끝내 눈가를 적시고 만다.

애써 외면해도
속절없이 흐르는 이 눈물,
정말 치사스럽다.

강한 척, 아무렇지 않은 척,
다짐해도 소용없고
울지 않겠다 되뇌어도
배신하듯 흘러내린다.

이 눈물마저 없었더라면
좀 더 단단해질 수 있었을까.

하지만,
이 치사스런 눈물이 있어
나는 아직 사람이다.

고해의 값

무릎을 꿇고 털어놓는다.
숨기려 했던 말들,
가슴 깊숙이 묻어 두었던
죄스러움들.

한마디, 한마디
입술을 떠날 때마다
마음 한쪽이 저며 오고
손끝은 떨려온다.

그러나 고해의 값이
가벼울 리 없으니,
나는 이 무게를 온전히 감당해야 한다.

비로소,
용서란 이름의 바람이
불어올 때까지.

악의 베갯머리

깊은 밤,
어둠은 부드럽게 내려앉고
악은 조용히 베갯머리에 기대어 쉰다.

날 선 증오도,
서슬 퍼런 분노도,
이 순간만큼은 가라앉아
숨소리마저 나른하다.

그러나 잠든 듯 보여도
그 눈은 감기지 않는다.
한낱 꿈결이라 해도
칼날 같은 속삭임은 멈추지 않는다.

악은 쉼을 취할 뿐,
결코 사라지지 않는다.

거대한 악마

어둠 속에서 천천히
몸을 일으킨다.
그 그림자는 산보다 크고,
그 기척은 바람보다 무겁다.

속삭임 하나로 마음을 흔들고,
손짓 한 번에
세상을 집어삼킨다.

누군가는 두려움에 무릎 꿇고,
누군가는 탐욕에 손을 내민다.
그것은 힘이 되어
더욱 커지고,
끝내 하늘마저 덮어버린다.

그러나 기억하라.
악마는 거대할지라도
그 그림자를 만든 것은
바로 우리의 욕망이었다는 것을.

해박한 연금사

낡은 서책을 펼치고
수많은 밤을 불태운 자.

불과 흙, 바람과 물
세상의 원리를 손안에 쥐고
금보다 귀한 진리를 빚어낸다.

한 방울의 액체 속에
수백 년의 지혜를 녹이고.
한 줌의 가루 속에
끝없는 탐구를 새겨 넣는다.

그러나 연금술의 정수는
결코 황금을 만드는 데
있지 않으니,
그는 알 것이다.

진정한 변환은
세상이 아니라
자기 자신에게서 시작된다는 것을.

잔뜩 엉켜있는 기생충들

축축한 어둠 속,
그들은 숨을 죽이고 웅크린다.
꼬리에 꼬리를 물고 엉겨붙어
서로의 살을 파고든다.

누군가의 피를 빨며 자라난 탐욕,
누군가의 뼈를 갉으며 키운 욕망.
서로가 서로를 삼키면서도
끝내 살아남으려 몸부림친다.

비틀리고 엮이고 얽혀들며
빠져나갈 틈 없이 뒤엉킨 채,
살아있음을 확인하듯

이제는 무엇이 몸이고
무엇이 그림자인지도 모른다.
스스로를 지탱하며 버티는 줄 알았으나
사실은 서로를 잡아끌며
같이 가라앉고 있었을 뿐.

어느 순간,
한 마리가 떨어져 나간다.
그러나 틈은 금세 매워지고
남은 것들은 다시 몸을 비비며
그 자리를 잊는다.

끝없는 순환 속,
이 끈적한 생명들은
오늘도 서로를 휘감고
어딘가에서 자라고 있을 것이다.

가련한 운명

태어나면서부터 정해진 길,
벗어나려 해도 되돌아오는 궤도.
손을 뻗어도 닿지 않는 희망 앞에서
나는 얼마나 작아지는가.

한 걸음 내디디면
이미 짜여진 실타래가 감겨오고,
아무리 발버둥 쳐도
결국은 흐름에 휩싸여 가는 존재.

누군가는 말하겠지.
운명은 받아들이는 것이라고.
그러나 나는 안다.
그 말조차 운명이었다는 것을.

비틀린 길 위에서
나는 묻는다.
이 모든 것이 정해진 것이라면,
고통마저도 필연이어야 하는가.

차라리,

그 운명이 가련하다고

내가 연민해 줄 수 있다면.

추악하고 간사하며 치사한 자

그는 언제나 부드러운 손길로 다가온다.
말끝마다 신의를 말하고,
눈빛에는 믿음을 담은 듯하지만
그 그림자는 바닥에 검게 번져있다.

필요할 때는 고개를 숙이고
입술을 적셔 아첨을 더하지만,
돌아서면 그 입에서 나오는 것은
오직 이익과 술수뿐.

등 뒤에서 실을 엮고,
눈앞에서 미소를 지으며,
때를 기다려 한 올씩 당긴다.
엉켜버린 운명의 매듭은
늘 그가 원하는 방향으로 조여지고.

스스로를 깨끗하다 믿지만
그 발자국은 어둡고 축축한 곳에 남아 있다.
넘어진 자들의 손을 잡는 척하며

더 깊이 짓누르고,
결국에는 누구도 다시 일어서지 못하게 만든다.

그러나 그는 알지 못한다.
자신이 엮은 그 얽매인 실타래가
언젠가 자신의 목을 감아올 것이라는 것을.
그 추악한 손끝이
언젠가 자신을 향해 닿을 것이라는 것을.

고독한 정상(頂上)

높은 곳에 서면
바람은 더욱 차고,
발밑의 길은 점점 희미해진다.

결단의 무게는 손에 쥔 돌과 같아
던지는 순간,
어디로 굴러갈지 모른다.

박수는 멀어지고
비판은 가까워지며
침묵 속에서 깊은 밤이 지나간다.

그러나 걸어온 길을 되돌아볼 틈 없이
새로운 아침이 문을 두드린다.
짐을 내려놓을 수도,
멈춰 설 수도 없는 자리—

어둠이 걷힌 자리엔
빛이 남을까,

그림자만 길게 드리울까.
나는 묻고, 길은 대답 없이
앞으로만 이어진다.

올바른 말습관을 향하여

말은 마음의 거울이라,
그 빛이 흐리면 영혼도 흐려진다.
오늘 나는 내 입술을 다스리며
진실과 온유의 언어를 배우려 한다.

조급한 말이 상처를 남기고
사려 깊은 말이 평화를 세운다.
침묵조차 말의 한 형태임을
이제야 조용히 깨닫는다.

하나님의 숨결이 닿은 입술로
축복의 말씨를 익히며
매 순간 말하기 전 한 번 더
사랑으로 걸러내려 한다.

말은 흩어져도 흔적은 남고,
그 흔적이 곧 나의 인격이 된다.
오늘도 나는 다짐한다.
올바른 말습관이 곧 믿음의 결실임을.

평설

포에지에
대하여

평설
포에지에 대하여

시인.극작가 허 용 우

　시는 언어의 가장 정제된 형태이자, 동시에 가장 자유로운 형태다. 그것은 질서와 혼돈의 경계에서 피어나는 예술이며, 순간적인 직관과 치밀한 사유가 교차하는 지점에서 탄생한다. 우리가 시를 읽고 쓰는 것은 단순한 언어적 유희를 넘어서, 세계를 이해하고 존재를 탐색하는 과정에 다름 아니다. 그렇다면 문학평론은 어떤 역할을 하는가?

　평론은 단순한 감상의 기록이 아니다. 그것은 작품을 분석하고 해석하며, 한 걸음 더 나아가 그 의미를 조명하는 작업이다. 시인이 언어를 통해 구축한 세계를 들여다보고, 그 속에 숨겨진 결을 밝혀내며, 독자들이 보다 깊이 있는 방식으로 시와 만날 수 있도록 돕는 것이다.

　특히 시를 다루는 문학평론은 더욱 섬세한 접근을 요구한다. 시는 직설적인 설명을 거부하고, 함축과 여백, 상징과 이미지로 이루어진 예술이기 때문이다. 따라서 좋은 평론은 단순한 분석을 넘어, 시가 품고 있는 울림과 여운을 확장시키는 방향으로 나아가야 한다. 작품을 해체하는 것이 아니라, 오히려 시의 본질을 더욱 선명하게 드러내는 역할을 해야 한다.

또한 평론은 시대와 문학의 관계를 탐색하는 작업이기도 하다. 모든 시는 그것이 쓰인 시대와 분리될 수 없으며, 그 속에서 생성된 미학적·철학적 흐름을 반영한다. 평론은 시를 특정한 역사적, 사회적 맥락 속에서 조망하며, 그것이 오늘날 우리에게 어떤 의미를 갖는지를 질문하는 과정이 된다.

그러나 문학평론이 시보다 우위에 있거나, 시의 의미를 일방적으로 규정할 수는 없다. 시는 해석을 무한히 확장할 가능성을 지닌 예술이며, 독자마다 다르게 읽힐 자유를 가진다. 따라서 평론은 하나의 해석을 제시하는 동시에, 독자들이 각자의 방식으로 시를 새롭게 만나도록 유도하는 역할을 해야 한다.

시는 언어의 음악이자 사유의 형식이다. 문학평론은 그 음악을 해석하는 귀이자, 형식 속에 숨은 의미를 더듬는 손길이다. 좋은 시가 독자의 마음을 울릴 때, 좋은 평론은 그 울림이 더욱 깊어지도록 돕는다. 이 책에 실린 몇 편의 시를 대상으로 한 평설이 그러한 역할을 할 수 있기를 바라며, 독자들이 시와 만나고 대화하는 기쁨을 누리기를 기대한다.

은혜미디어 시선 62
어둠 속의 빛
ⓒ허용우 2025

초판 발행 2025년 11월 15일

지은이 | 허용우

펴낸곳 | 은혜미디어
펴낸이 | 허동선
출판등록 | 2016년 6월 14일 제2018-000144호
주소 | 경기도 고양시 일산서구 일현로 42, 3층 3호
전화 | 02)388-3692
팩스 | 02)6442-3692

사진 | 윤수진
디자인 | 김지은

ISBN 979-11-978430-5-1 (03810)